FÜR _____

VON _____

ISBN 978-3-649-64950-2
© 2024 Coppenrath Verlag GmbH & Co. KG
Hafenweg 30, 48155 Münster, Germany
Grafische Gestaltung: Tina Defaux
Design: Coppenrath Verlag
Redaktion: Kai König

www.coppenrath.de

Das
GLÜCK
ist dein
BEGLEITER

GEDICHTE

COPPENRATH

Morgenwonne

Ich bin so knallvergnügt erwacht.
Ich klatsche meine Hüften.
Das Wasser lockt. Die Seife lacht.
Es dürstet mich nach Lüften.

Ein schmuckes Laken macht einen Knicks
und gratuliert mir zum Baden.
Zwei schwarze Schuhe in blankem Wichs
betiteln mich „Euer Gnaden".

Aus meiner tiefsten Seele zieht
mit Nasenflügelbeben
ein ungeheurer Appetit
nach Frühstück und nach Leben.

JOACHIM RINGELNATZ

GLÜCKWUNSCH

Brech der lustige Sonnenschein
mit der Tür euch ins Haus hinein,
dass alle Stuben so frühlingshelle;
ein Engel auf des Hauses Schwelle
mit seinem Glanze säume
Hof, Garten, Feld und Bäume,
und geht die Sonne abends nie aus,
führ er die Müden mild nach Haus.

JOSEPH VON EICHENDORFF

DAS GLÜCK

Es huscht das Glück von Tür zu Tür,
klopft zaghaft an: – Wer öffnet mir?

Der Frohe lärmt im frohen Kreis
und hört nicht, wie es klopft so leis.

Der Trübe seufzt: Ich lass nicht ein,
nur neue Trübsal wird es sein.

Der Reiche wähnt, es pocht die Not,
der Kranke bangt, es sei der Tod.

Schon will das Glück enteilen sacht;
denn nirgends wird ihm aufgemacht.

Der Klügste öffnet just die Tür –
da lacht das Glück: Ich bleib bei dir!

RICHARD ZOOZMANN

DER FAULE

*R*ennt dem scheuen Glücke nach!
Freunde, rennt euch alt und schwach!
Ich nehm Teil an eurer Müh:
Die Natur gebietet sie.
Ich, damit ich auch was tu, –
seh euch in dem Lehnstuhl zu.

GOTTHOLD EPHRAIM LESSING

Glücklich ist, wer froh empfindet
wahre Herzensfreudigkeit,
wer in seinem Wandel findet
Trost für unglücksschwere Zeit.

Glücklich ist, wem es beschieden,
ganz zu fassen Freud und Schmerz,
durch das schönste Glück hienieden;
durch ein freies, reines Herz.

Glücklich ist, wem es gegeben,
recht zu handeln immerzu,
er fühlt selbst bei dürft'gem Leben
wahren Reichtum – Seelenruh!

HERMANN WEISE

Glück

O, frag mich nicht, was ist denn Glück?
Sieh vorwärts nicht, noch sieh zurück!
O, such es nicht in weiter Ferne,
auf diesem oder jenem Sterne.
O, such's nicht dort und such's nicht hier!
Das Glück wohnt nur in dir.

SPRICHWORT

Glück ist wie Blütenduft,

der dir vorüberfliegt ...
Du ahnest dunkel Ungeheures,
dem keine Worte dienen –
schließest die Augen,
wirfst das Haupt zurück – –
und, ach!
Vorüber ist's.

CHRISTIAN MORGENSTERN

Glück kommt wie Licht, wie Sonnenstrahlen,
wie Windeswehn, wie Wolkenflug:
Hier einmal, dort zu hundertmalen,
und nie im Leben noch genug.

Wer kann es haschen, wer kann es finden?
Und wer bewahrt es, wenn er's hat? –
Es schwebt ein Atem in den Winden,
und schwimmt im Strom ein grünes Blatt.

FEODOR VON WEHL

Schwebende Zukunft

*H*abt ihr einen Kummer in der Brust
Anfang August,
seht euch einmal bewusst
an, was wir als Kinder übersahn.

Da schickt der Löwenzahn
seinen Samen fort in die Luft.
Der ist so leicht wie Duft
und sinnreich rund umgeben
von Faserstrahlen, zart wie Spinneweben.

Und er reist hoch über euer Dach,
von Winden, schon vom Hauch gepustet.
Wenn einer von euch hustet,
wirkt das auf ihn wie Krach
und er entweicht.

Luftglücklich leicht.

Wird sich sanft wo in Erde betten.
Und im Nächstjahr stehn
dort die fetten, goldigen Rosetten,

Kuhblumen, die wir als Kind übersehn.
Zartheit und Freimut lenken
wieder später deren Samen Fahrt.

Flöge doch unser aller Zukunftsdenken
so frei aus und so zart.

JOACHIM RINGELNATZ

Es ist das Glück ein flüchtig Ding
und war's zu allen Tagen;
und jagtest du um der Erde Ring,
du möchtest es nicht erjagen.

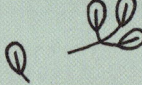

Leg dich lieber ins Gras voll Duft
und singe deine Lieder;
plötzlich vielleicht aus blauer Luft
fällt es auf dich hernieder.

Aber dann pack es und halt es fest
und plaudre nicht viel dazwischen;
wenn du zu lang es warten lässt,
möcht es dir wieder entwischen.

EMANUEL GEIBEL

Wo wohnt das Glück?

Sagt mir doch, ihr flinken Schwalben,
die ihr schweift in hohen Lüften
über Wälder, Seen und Wiesen,
die ihr kennt den ganzen Umkreis,
südwärts auch die sonn'gen Länder,
eure ferne Winterheimat –
sagt, ihr weit gereisten Schwalben,
sagt mir doch, wo wohnt das Glück?!
Doch die Schwalben streifen lustig
in den sonndurchglänzten Lüften
auf- und abwärts, hin und wider,
und sie schwingen sich und schweben
und sie geben mir nicht Antwort!

Sagt mir doch, ihr schnellen Wolken
in dem fernen Blau des Himmels –
sagt – ihr wandelt vom Äquator
zu des fernen Poles Eisnacht
über Berge, über Meere

und ihr kennt die ganze Erde,
und ihr schaut in alle Länder –
sagt, ihr weißen Wanderwolken,
sagt mir doch, wo wohnt das Glück?!
Doch die Wolken ziehn und weben
heiter glänzend still vorüber,
baun sich auf zu Götterburgen,
lösen sich in Lämmerherden,
ewig wechseln sie das Schauspiel,
und sie schwinden und verwehen
und sie geben mir nicht Antwort!

SAGT MIR DOCH, ihr ew'gen Sterne,
die ihr schaut mit goldnen Augen
in des Weltalls fernste Tiefen,
die ihr kennt Millionen Welten
sagt, ihr uralt klugen Sterne,
sagt mir doch, wo wohnt das Glück?!
Doch die Sterne wandeln schweigend
durch das unermessne Weltall
ihren urbestimmten Pfad
und sie funkeln und sie scheinen,
steigen auf und sinken nieder
und sie geben mir nicht Antwort.

HEINRICH SEIDEL

Dir auf der Schulter flattert ...

An N. P.

$\mathcal{D}$ir auf der Schulter

flattert ein Schmetterling,

ein Frühlingslüftchen trug ihn her

aus einem dunkeln Wald.

Das ist der Falter Glück,

der flog zu dir,

weil du aus Licht,

und *Glück* und *Licht* Geschwister sind.

GEORG HEY

$\mathcal{M}$ir ist, als müsst ich singen
so recht aus tiefster Lust,
von wunderbaren Dingen,
was niemand sonst bewusst.

O könnt ich alles sagen!
O wär ich recht geschickt!
So muss ich still ertragen,
was mich so hoch beglückt.

JOSEPH VON EICHENDORFF

SCHÖNES,
GRÜNES, WEICHES
GRAS,

Drin
liege ich.

Inmitten goldgelber
BUTTERBLUMEN!

Über mir … warm … der **HIMMEL**

Ein
weites, schütteres
lichtwühlig, lichtblendig, lichtwogig
zitterndes

WEISS,
das mir die
Augen
langsam … ganz … langsam
schließt.

Wehende ... Luft ... kaum merklich
ein Duft, ein
zartes ... SUMMEN

Nun
bin ich fern
von jeder Welt,
ein sanftes Rot erfüllt mich ganz,
und
deutlich ... spüre ich ... wie die
SONNE
mir durchs Blut
rinnt.

MINUTENLANG.

VERSUNKEN
ALLES ... NUR NOCH
ICH. -
SELIG!

ARNO HOLZ

Wie bin ich heute selig

Ich pfeife schon den ganzen Morgen
und döse für mich hin.
Die Sonne ist in Regenlust verborgen –
doch irgendwas erheitert meinen Sinn.

Die Menschen sehn heute anders aus,
das Zeitungsmädchen hüpft so niedlich, –
die lange Straße, Haus an Haus,
so regengrau – und schläfert doch so friedlich.

Was gestern hier lärmte, roh und fuselkehlig,
das ist heute alles stumm. –
Wie bin ich heute selig –
und weiß doch nicht, warum –

Ihr lieben Leute, ich schalt euch: unausstehlich,
fluchte manchmal, schalt euch: schlecht und dumm,
vergebt mir heute, ich bin so selig
und weiß doch nicht warum.

GERRIT ENGELKE

KLARER TAG

Der Himmel leuchtet aus dem Meer;
ich geh und leuchte still wie er.
Und viele Menschen gehen wie ich,
sie leuchten alle still für sich.
Zuweilen scheint nur Licht zu gehen
und durch die Stille hinzuwehn.
Ein Lüftchen haucht den Strand entlang:
o wundervoller Müßiggang.

RICHARD DEHMEL

So muss man leben!
Die kleinen Freuden aufpicken,
bis das große Glück kommt.
Und wenn es nicht kommt,
dann hat man wenigstens
die „*kleinen Glücke*" gehabt.

THEODOR FONTANE

Du musst das Leben nicht verstehen

Du musst das Leben nicht verstehen,
dann wird es werden wie ein Fest.
Und lass dir jeden Tag geschehen
so wie ein Kind im Weitergehen von
jedem Wehen
sich viele Blüten schenken lässt.

Sie aufzusammeln und zu sparen,
das kommt dem Kind nicht in den Sinn.
Es löst sie leise aus den Haaren,
drin sie so gern gefangen waren,
und hält den lieben jungen Jahren
nach neuen seine Hände hin.

RAINER MARIA RILKE

ZUVERSICHT

WOHLAUF! Es ruft der Sonnenschein
hinaus in Gottes freie Welt!
Geht munter in das Land hinein
und wandelt über Berg und Feld!

Es bleibt der Strom nicht ruhig stehn,
gar lustig rauscht er fort;
hörst du des Windes muntres Wehn?
Er braust von Ort zu Ort.

Es reist der Mond wohl hin und her,
die Sonne ab und auf,
guckt über'n Berg und geht in's Meer,
nie matt in ihrem Lauf.

Und, Mensch, du sitzest stets daheim,
und sehnst dich nach der Fern:
Sei frisch und wandle durch den Hain,
und sieh die Fremde gern.

Wer weiß, wo dir dein Glücke blüht,
so geh und such es nur,
der Abend kommt, der Morgen flieht,
betrete bald die Spur.

Lass Sorgen sein und Bangigkeit,
ist doch der Himmel blau,
es wechselt Freude stets mit Leid,
dem Glücke nur vertrau.

So weit dich schließt der Himmel ein
gerät der Liebe Frucht,
und jedes Herz wird glücklich sein,
UND FINDEN, WAS ES SUCHT.

LUDWIG TIECK

Das Glück, das glatt und schlüpfrig rollt,
tauscht in Sekunden seine Pfade,
ist heute mir, dir morgen hold
und treibt die Narren rund im Rade.

Lass fliehn, was sich nicht halten lässt,
den leichten Schmetterling lass schweben,
und halte dich nur selber fest;
du hältst das Schicksal und das Leben.

ERNST MORITZ ARNDT

Mein täglicher Spaziergang

Nur ein paar Birken, Einsamkeit und Leere,
ein Sumpf, geheimnisvoll, ein Fleckchen Heide,
der Kiebitz gibt mir im April die Ehre,
im Winter Raben, Rauch und Reifgeschmeide,
und niemals Menschen, keine Grande Misère,
nichts, nichts von unserm ewigen Seelenleide.
Ich bin allein. Was einzig ich begehre?
Grast ihr für euch, und mir lasst meine Weide.

DETLEV VON LILIENCRON

RUHE
DES HERZENS

*W*ie heimlich glüht ein Bild
aus langer Dämm'rung:
Ein Sommerabend war's
im Heimatdorfe;
noch lag ein Sonnenhauch
auf Dach und Giebeln,
und hell stand schon der Mond
in leerer Straße.
Der Nachbar sprach ein Wort
von Tau und Regen,
er sprach zu seinem Weib
drin in der Kammer;
er zog das Fenster an,
es klang der Riegel;
ein erstes Sternlein trat
aus lichtem Dunkel.

Aus fernen Gärten klang
ein Mädchenlachen;
ein letzter Nachhall dann
und letzte Stille.
Und all die Sommerwelt
ging wie ein Atem
geruhig ein und aus
durch meine Lippen. –

Nun weiß ich's, da mein Haar
beginnt zu bleichen:
Was damals ich geatmet, war
das Glück.

OTTO ERNST

Besitz

Großer Garten liegt erschlossen,
weite schweigende Terrassen:
Müsst mich alle Teile kennen,
jeden Teil genießen lassen!

Schauen auf vom Blumenboden,
auf zum Himmel durch Gezweige,
längs dem Bach ins Fremde schreiten,
niederwandeln sanfte Neige:

Dann, erst dann komm ich zum Weiher,
der in stiller Mitte spiegelt,
mir des Gartens ganze Freude
träumerisch vereint entriegelt.

Aber solchen Vollbesitzes
tiefe Blicke sind so selten!
Zwischen Finden und Verlieren
müssen sie als göttlich gelten.

All in Einem, Kern und Schale,
dieses Glück gehört dem Traum.
Tief begreifen und besitzen!
Hat dies wo im Leben Raum?

HUGO VON HOFMANNSTHAL

DAS IDEAL

JA, DAS MÖCHSTE:
eine Villa im Grünen mit großer Terrasse,
vorn die Ostsee, hinten die Friedrichstraße;
mit schöner Aussicht, ländlich-mondän,
vom Badezimmer ist die Zugspitze zu sehn –
aber abends zum Kino hast du's nicht weit.

Das Ganze schlicht, voller Bescheidenheit:

Neun Zimmer – nein, doch lieber zehn!
Ein Dachgarten, wo die Eichen drauf stehn,
Radio, Zentralheizung, Vakuum,
eine Dienerschaft, gut gezogen und stumm,
eine süße Frau voller Rasse und Verve –
(und eine fürs Wochenend, zur Reserve) –
eine Bibliothek und drumherum
Einsamkeit und Hummelgesumm.

Im Stall: zwei Ponies, vier Vollbluthengste,
acht Autos, Motorrad – alles lenkste
natürlich selber – das wär ja gelacht!
Und zwischendurch gehst du auf Hochwildjagd.

Ja, und das hab ich ganz vergessen:
prima Küche – erstes Essen –
alte Weine aus schönem Pokal –
und egalweg bleibst du dünn wie ein Aal.
Und Geld. Und an Schmuck eine richtige Portion.
Und noch 'ne Million und noch 'ne Million.
Und Reisen. Und fröhliche Lebensbuntheit.
Und famose Kinder. Und ewige Gesundheit.

JA, DAS MÖCHSTE!

Aber, wie das so ist hienieden:
manchmal scheint's so, als sei es beschieden
nur pöapö, das irdische Glück.
Immer fehlt dir irgendein Stück.
Hast du Geld, dann hast du nicht Käten;
hast du die Frau, dann fehln dir Moneten –
hast du die Geisha, dann stört dich der Fächer:
Bald fehlt uns der Wein, bald fehlt uns der Becher.

Etwas ist immer.
Tröste dich.

Jedes Glück hat einen kleinen Stich.
Wir möchten so viel: Haben. Sein. Und gelten.
DASS EINER ALLES HAT:
DAS IST SELTEN.

KURT TUCHOLSKY

Nur eine Stunde im grünen Wald

Nur eine Stunde von Menschen fern,
nur eine einzige Stunde!
Statt der tönenden Worte des Waldes Schweigen,
statt des wirbelnden Tanzes der Elfen Reigen,
statt der leuchtenden Kerzen den Abendstern,
nur eine Stunde von Menschen fern!

Nur eine Stunde im grünen Wald,
nur eine einzige Stunde!
Auf dem schwellenden Rasen umhaucht von Düften,
gekühlt von den reinen balsamischen Lüften,
wo von ferne leise das Echo schallt,
nur eine Stunde im grünen Wald!

Nur eine Stunde im grünen Wald,
nur eine einzige Stunde!
Wo die Halme und Blumen sich flüsternd neigen,
wo die Vögel sich wiegen auf schwankenden Zweigen,
wo die Quelle rauscht aus dem Felsenspalt,
nur eine Stunde im grünen Wald!

AUGUSTE KURS

FORTUNA
LÄCHELT ...

Fortuna lächelt, doch sie mag
nur ungern voll beglücken;
schenkt sie uns einen Sommertag,
so schenkt sie uns auch Mücken.

WILHELM BUSCH

Und auf einmal steht es neben dir

Und auf einmal merkst du äußerlich:
Wie viel Kummer zu dir kam,
wie viel Freundschaft leise von dir wich,
alles Lachen von dir nahm.
Fragst verwundert in die Tage.
Doch die Tage hallen leer.
Dann verkümmert deine Klage ...
Du fragst niemanden mehr.
Lernst es endlich, dich zu fügen,
von den Sorgen gezähmt.
Willst dich selber nicht belügen
und erstickst, was dich grämt.
Sinnlos, arm erscheint das Leben dir,
längst zu lang ausgedehnt. – – –
Und auf einmal – –: Steht es neben dir,
an dich angelehnt – –

Was?
Das, was du so lang ersehnt.

THEODOR FONTANE

In den duftenden Frühling will ich hinaus

In den duftenden Frühling will ich hinaus,
hinweg aus dem kalten, beengenden Haus
in die freie verlockende Weite.
Was soll mir der Bücher verdrießlicher Kram,
die ich immer und immer vergeblicher nahm,
ich werfe sie freudig zur Seite.

Denn find ich nicht draußen der Blätter genug?
Da schimmert geheimnisvoll jeglicher Zug
von des Ewigen eigenen Händen –
das wieget die übrigen Lettern wohl auf,
so will ich denn auch in geflügeltem Lauf
von dem einen zum andern mich wenden.

Da bin ich nun draußen und blicke umher,
wie wird das Studieren schon wieder mir schwer
hier unter den blühenden Bäumen!
Sie senden schon Blüte auf Blüte mir zu,
so will ich hier rasten in seliger Ruh,
und will nur *genießen und träumen*.

AUGUSTE KURS

NARZISSEN AM SEE

*I*ch ging allein, den *Wolken* gleich,
die über Tal und Hügel fliegen,
da sah ich jäh vor mir ein Reich
von goldenen Narzissen liegen.
Am See auf waldgesäumter Wiese
wogten im *Tanz* sie in der Brise.

Wie nachts am Firmament der Schein
sich flimmernd dehnt zu ferner Flucht,
erstreckten endlos ihre Reihn
sich am Gestade einer Bucht.
Zehntausend warn's auf einen *Blick*,
keck warfen sie den Kopf zurück.

Die Wellen tanzten mit, doch sie
warn heitrer als der Wellen Glanz.
Ein solches Bild von *Harmonie*
füllt eines Dichters Seele ganz.
Ich sah und sah, kaum dass ich dachte,
wie reich mich dieser Anblick machte.

Oft, wenn auf meiner Couch ich ruh,
in heitrer oder trüber Zeit,
blitzt mir ihr Bild von innen zu,
beseligt meine Einsamkeit.
Dann jauchzt mein *Herz*, neu hingerissen,
und tanzt vergnügt mit den Narzissen.

WILLIAM WORDSWORTH

Die Welt ist allzeit schön

Im Frühling prangt die schöne Welt
in einem fast smaragdnen Schein.

Im Sommer glänzt das reife Feld,
und scheint dem Golde gleich zu sein.

Im Herbste sieht man als Opalen
der Bäume bunte Blätter strahlen.

Im Winter schmückt ein Schein, wie Diamant
und reines Silber, Flut und Land.

Ja kurz, wenn wir die Welt aufmerksam sehn,
ist sie zu allen Zeiten schön.

HEINRICH BROCKES

BUTTERBLUMENGELBE WIESEN

Butterblumengelbe Wiesen,
sauerampferrot getönt, –
oh, du überreiches Sprießen,
wie das Aug dich nie gewöhnt!

Wohlgesangdurchschwellte Bäume,
wunderblütenschneebereift –
ja, fürwahr, ihr zeigt uns Träume,
wie die Brust sie kaum begreift.

CHRISTIAN MORGENSTERN

~ DAS GLÜCK ~

HAT WER VON GLÜCK GESPROCHEN?
Ist gar ein schönes Wort,
dem Ohr ist es verklungen,
dem Herzen hallt es fort.

Wie eine holde Sage,
vom GLAUBEN fromm geweiht,
so wie ein reizend MÄRCHEN
aus längst vergangner Zeit.

Es weckt so süße Ahnung,
wo es die HERZEN traf,
und wiegt auch große Kinder
zuweilen noch in SCHLAF.

AUGUSTE KURS

WÜNSCHELRUTE

Schläft ein Lied in allen Dingen,
die da träumen fort und fort,
und die Welt hebt an zu singen,
triffst du nur das *Zauberwort*.

JOSEPH VON EICHENDORFF

ÜBERALL

ÜBERALL IST WUNDERLAND.
Überall ist Leben.
Bei meiner Tante im Strumpfenband
wie irgendwo daneben.

Überall ist Dunkelheit.
Kinder werden Väter.
Fünf Minuten später
stirbt sich was für einige Zeit.
ÜBERALL IST EWIGKEIT.

Wenn du einen Schneck behauchst,
schrumpft er ins Gehäuse.
Wenn du ihn in Kognak tauchst,
sieht er weiße Mäuse.

JOACHIM RINGELNATZ